子ども　詩のポケット　50

くらたここのみ童謡詩集

さやのお舟

さやのお舟

くらた　ここのみ　さんの　詩集
珠玉の詩に寄せて

坪能克裕（作曲家）

ここのみさんの詩にふれると、不思議な安らぎに出会います。日常の何気ない生命（いのち）に対しての感動にふれさせてくれるからでしょう。その生命は動植物だけでなく、自然の様相の全てのように思われます。どれもが理屈を超えて自然と一体になれる不思議な言葉力を感じます。

ここのみさんが選ぶ言葉の奥には、私たちが子どもの頃から聞いたり唄ったりしてきた歌心が、既に宿った〝ゆらぎ〟としてあるようです。それがまたたく星のように私たちを未知の世界に誘ってくれているのだと思われます。

子ども向けの詩が多いように思われますが、シリアスな大作でも本領を発揮されてきたのです。女声合唱組曲「天使の墓碑銘」の書き下ろしを拙作のＣＤアルバムでご一緒させていただきました。合唱仲間からとてもいい評価を得ました。

もうひとつ、ここのみさんは研究者の一面も持ち合わせているのです。子どもの歌を中心とした歴史や佐佐木信綱の研究も、次世代の人びととの論文資料になってつながっていて、ここのみさんの魅力の泉は多面的な活動から生まれながら、子どもの詩の世界でも湧き出しているようです。

今回の詩集は、最近の作品の中から選ばれた珠玉のアルバムになっています。「人間くらた　ここのみ」の魅力に、誰もがふれることができると思われます。そしてお読みくださったみなさまも、ご自身の新たな魅力発見が叶うのではないかと、私は楽しみにしています。

もくじ

三　オストアンデール

四　つぼ

五　心を広い大空へ

一　さやのお舟

さやのお舟

―日本の神話より―

きらきらきらきら
光る波
ががいものさやの
お舟がゆくよ
小さな小さな
お舟がゆくよ

のどかなのどかな
春の海
がが芋のさやの
お舟がゆくよ
小さな小さな
神さまのせて

きれいなきれいな
白い浜
がが芋のさやの
お舟がついた
小さな小さな
神さまだあれ

たんたん法師

——加賀の民話より——

たんたん法師は　大男
山をまくらに　ねていると
下の方から　声がする
　田んぼ水が　ほしいな
　村の水が　ほしいな
たんたん法師は　よしきたと
ふんばりふんばり　あるきだす

たんたん法師の　あしあとに
水がわきだす　池になる
藤五郎池《とうごろういけ》　琵琶《びわ》が池
　田んぼ水は　たぷたぷ
　村の水は　たぷたぷ
たんたん法師は　去ってゆく
おとなも子どもも　手をあわす

奈良に都《みやこ》があったころ

――日本の笑い話より――

奈良に都が　あったころ
ほらふき男が　じまんして
ほらふきくらべの　旅に出た

歩いて東国《とうごく》　片田舎《かたいなか》
見つけた大きな　道しるべ
「ほらふき村へ」と　書いてある

しめしめ男は　よろこんで
鼻たれ小僧に　きいてみた
「ほらふき名人　どこにおる」

「おいらの父ちゃん　ほら名人
富士山ひっくり　かえるって
線香《せんこ》でつっかい　しにいった」

「なんだと　そんなら母ちゃんは？」
「琵琶湖《びわこ》の底《そこ》に　穴《あな》あいて
もるから糠《ぬか》で　栓《せん》をしに」

（子供のくせして　なまいきな）
ほらふき男は　ちょいとしゃく
負けずに小僧に　ほらふいた

「奈良のお寺の　釣《つ》り鐘《がね》が
こないだ風で　ふっとんだ
ここいらあたりに　こなんだか？」

「釣り鐘だったら　とんできて
納屋《なや》の蜘蛛《くも》ん巣《す》に　ひっかかり
きのうの風で　とんでった」

（子供のほらに　おら負《ま》けた
親《おや》ならどでかい　ほらふくぞ）
奈良へと男は　すたこらさ

蜂飼《はちか》いの大臣《おとど》

――説話をもとに創作――

前編

うわさの大臣は
蜂飼いの大臣
足高《あしだか》　角短《つのみじか》　羽斑《はねまだら》
蜜蜂三匹に名前をつけた
足高　角短　羽斑
名前を呼ばれて飛んできて
大臣のこざらで蜂蜜飲んだ

　蜂飼いの大臣は
唐猫《からねこ》ぐらし
残ったこざらの蜂蜜は
唐猫四匹《よんひき》ぺろぺろなめた
ぺろぺろぺーろり
あーまい

後編

蜂飼いの大臣は
しまりやの大臣
足高　角短　羽斑
おともの三匹と花見に行った
足高　角短　羽斑
帰って仲間を呼んできて
大臣の屋敷《やしき》に花蜜ためた
　しまりやの大臣は
唐猫顔《からねこがお》で
たんまりためてる蜂蜜を
唐猫さそわずちびちびなめた
ちびちびちーびり
あーまい

道風《みちかぜ》さま

――小野道風の話より――

しだれやなぎの小枝の先に
とんでは落ちる雨蛙
とんでは落ちてとんでは落ちて
とうとうさいごにとびつけた

それを見ていた道風さまは
蛙ながらにあっぱれと
心うたれていついつまでも
筆のけいこに励まれた

太陽鳥《たいようちょう》

——イタリア民話「ピエトロのたび」より——

トサカの立派な　見事なオンドリ
一声鳴けば　コケコッコー夜《よ》が明ける
日の出を知らせる　太陽鳥

日の出の当番　十二人
一人一時間　起きていて
お日さま出るのを　見張ってた
面倒な仕事　やっかいな仕事
その村に　太陽鳥はいなかった

日の出の当番　いなくても
日の出がわかる　いい方法
旅人ピエトロ　ひらめいた
面倒はごめん　やっかいはごめん
ピエトロは　太陽鳥をつれてきた

夜明けに突然　コケコッコー
お日さま山から　顔を出し
村人喜び　バンバンザイ
ピエトロのおかげ　太陽鳥のおかげ
その村の　太陽鳥は宝物

トサカの立派な　見事なオンドリ
一声鳴けば　コケコッコー夜が明ける
日の出を知らせる　太陽鳥

ようこそ　ざぼん

—平戸のざぼんをいただいて—

ざぼん　ざぼん
ざぼん　ざぼん
ようこそ　ざぼん
長崎平戸の大きなざぼん

ざぼんを　どぼん
海に投げこむ人が　いた
ざぶんこ　どぶんこ　ぷっかぷか
ざぼんの国に　さようなら
浮かんで流れていった　ざぼん

ざぼんは　ゆらん
たまに蜻蛉《とんぼ》を休ませて
ざぶんこ　どぶんこ　ぷっかぷか
北へ北へと　海の道
どこに着くやら　あてもなく

ざぼんは　ぽかん
月はまんまる　光る波
ざぶんこ　どぶんこ　ぷっかぷか
はなればなれの　ざぼんたち
みなそれぞれの　ひとり旅

ざぼんは　ずずん
朝の太陽　向い風
ざぶんこ　どぶんこ　ぷっかぷか
びゅんびゅん飛魚　こんにちは
長崎平戸に着いた　ざぼん

ざぼんは　ごろん
おばけみかんの　ようじゃがな
物知りじいさん　孫八人
島のみんなに　みてもらお
海神様《うみがみさま》に　お供えじゃ

ざぼんを　ごくん
島の祭りで　おすそわけ
うんめぇ　あぁまい　ありがたか
たねを集めて　植えてみた
芽が出て　せが伸び　実がなった

ざぼんを　どぼん
海に投げこんだ人の　夢
遠くの国への　贈り物
今じゃ立派な　ざぼんの木
みんなが喜び食べる　ざぼん

ざぼん　ざぼん
ざぼん　ざぼん
ようこそ　ざぼん
長崎平戸の
大きなざぼん

市長さんの　金の靴

―ポーランドのお話より―

市長さんは　めだちたがりや
金の靴を　つくらせた
あいにく外は　どろんこ道
いばって歩くよ　金の靴

だれも気づかない　あいさつもない
おまけにぐちゃぐちゃ　どろだらけ
ぴかぴかが見えやしない　金の靴

市長さんは　ぷんぷんぷん
荒い鼻息　どなり声
「どろを落とせ　もとどおりの　ぴっかぴかにな！」

「名案がございます　市長さま
　金の靴を　はいたまま
　靴をはいたらよごれません！　はいっ」

市長さんは　ふむふむなっとく
金の靴に　靴をはいた
すっかり外は　いい天気
きどって歩くよ　金の靴

　だれも気づかない　あいさつもない
　へんだな　足元よく見れば
　ぴかぴかが見えやしない　金の靴

市長さんは　ぷんぷんぷん
荒い鼻息　どなり声
「めだちたいぞ　歩くときも　ぴっかぴかにな！」

「名案がございます　市長さま
　金の靴を　手にはけば

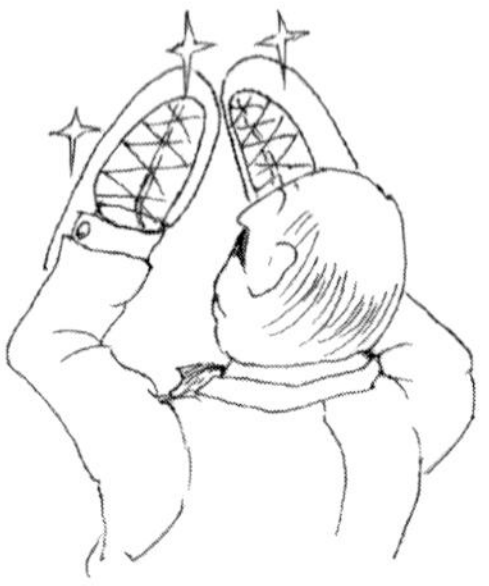

めだってだれでも気づきます！　はいっ」

市長さんは　にやにやなっとく
金の靴を　手にはいた
まったく外は　いい天気
だれもが気づくよ　金の靴

みんな笑顔で　あいさつをする
おまけにピーチク　おべんちゃら
ぴかぴかが光ってる　金の靴

市長さんは　えっへんほん
そっくりかえって　きらきら目
「わたしは市長だ　偉いんだ　ぴっかぴかでな！」

「めだっております　市長さま
なんてったって　そりゃあ
お顔の前がぴかぴかで！　はいっ」

瑞軒《ずいけん》の智恵《ちえ》

―河村瑞軒の小伝をもとに―

瑞軒の智恵を見にゆくぞ
お寺の本堂そびえる屋根の
一枚はがれた棟瓦《むながわら》
足場《あしば》も組まずに直すと言うた
こいつは見物《みもの》だ太郎に次郎
瑞軒の智恵を見にゆくぞ

瑞軒の智恵は痛快《つうかい》じゃ
大凧《おおだこ》揚《あ》げると大屋根《おおやね》越《こ》えた
越えたら繰《く》り出す凧の糸
大凧落ちたら凧だけはずし
小綱《こづな》を結んで凧糸引いた
瑞軒の智恵は痛快じゃ

瑞軒の智恵に大喝采《だいかっさい》
大屋根またがるず太《ぶと》い綱の
両端《りょうはし》地面に杭《くい》で止《と》め
屋根屋《やねや》は軒まで梯子《はしご》で登り
大綱にすがって棟《むね》までたどる
瑞軒の智恵に大喝采

瑞軒の智恵を思い出せ
お寺の本堂そびえる屋根の
一枚はがれた棟瓦
大凧使って直してみせた
難儀《なんぎ》に遭《お》うたらお花にお菊
瑞軒の智恵を思い出せ

おらが殿様

――童唄「おらが殿様」のまね唄――

おらが殿様　蜂みつ好きで
蜂を飼いたい　飼うのはこわい
たねをまけまけ　なたねのたねを

花がさいたら　みつばちまねき
みつをためたら　半分もらい
月見だんごに　蜂みつつけて

月をみながら　九つたべて
一つ残して　たもとに入れて
かごにのるとき　すっころたんと落とし

ひろうははずかし　ひろわにゃおしい
萩の花えだ　三本おくれ
中の一本　だんごにかぶせ

うさぎこいこい　だんごをあげよ
十五夜うさぎが　ぴょんぴょんはねて
月見だんごを　たべたとさっさ

雀の歌声

越後の雀は　歌ってた
良寛さん見て　チュチュンがチュン
　良寛さんたら　良寛さん
向かいに見えるは　佐渡が島
佐渡はふるさと　母さまの
佐渡を見るたび　良寛さん
母さま偲んで　目になみだ
チュチュンがチュン　チュク
チュチュンがチュン

新潟の雀は　歌ってる
今でもやっぱり　チュチュンがチュン
　良寛さんたら　良寛さん
のどかな春の日　伊夜日子《いやひこ》の
岡のすみれの　花を見に

花をつみつみ　良寛さん
　大事な鉢の子　忘れんぼ
チュチュンがチュン　チュク
チュチュンがチュン

日本の雀は　歌ってる
町でも村でも　チュチュンがチュン
　良寛さんたら　良寛さん
　子どもとまりつき　ひふみいよ
　手まりのおつぎは　かくれんぼ
　わらにかくれて　良寛さん
　そのままうたたね　月が出た
チュチュンがチュン　チュク
チュチュンがチュン

京都の蛙と　大坂の蛙

――『尋常小学読本』（明治20年）巻四を読んで――

京都の蛙が大坂見物
思い立ったが吉日《きちじつ》の旅
大坂の蛙が京都見物
思い立ったが吉日の旅

京都の蛙と大坂の蛙
峠で出会って苦労を語る
難儀な道中続くと思えば
もうここいらで帰るとするか

せめてここから大坂見物
後の足で背い伸びをして
大坂見下ろす京都の蛙
なあんや京都と同じやないか

せめてここから京都見物
後の足で背い伸びをして
京都見下ろす大坂の蛙
なあんや大坂と同じやないの

自分の目玉がどこにあるかも
気がつかないで早合点点《はやがってんてん》の点
ごきげんようと分かれて帰る
京都の蛙と大坂の蛙

少年西郷吉之助《しょうねんさいごうきちのすけ》

幼《おさな》いころは　ゆっくりで
のろきっどーんと　呼《よ》ばれても
にこにこしていた　吉之助
乱暴者《らんぼうもの》が　あらわれた
ひるまずみんなを　こらしめて
一目置《いちもくお》かれた　吉之助

明《あか》るく澄《す》んだ　大きな目
桜島山《さくらじまやま》を　あおいでは
大志《たいし》をいだいた　吉之助

メーソン先生はヴァイオリンをひいた

―唱歌教育の恩人メーソン氏を偲んで―

メーソン先生は　ヴァイオリンをひいた
幼稚園の教室で　やさしくスマイル
グッドモーニング　レッツシング　トゥギァザー
メーソン先生は　ヴァイオリンをひいた
　ちょうちょ　ちょうちょ
　なのはにとまれ
手と手をつないで　輪になって
メーソン先生かこんで　いっしょに歌う
ちょうちょちょうちょ　なのはの歌を

メーソン先生は　ヴァイオリンが上手
夏休みの校庭に　おいでよ集まれ
ハウデュユゥデュ　レッツシング　トゥギァザー

メーソン先生は　ヴァイオリンが上手
　ひとつとや　ひとよあければ
　　にぎやかで
いなかの子どもも　輪になって
メーソン先生かこんで　いっしょに歌う
ひとつとやの　手まりの歌を

メーソン先生は　アメリカへ帰る
さくらもみぢ富士の山　やさしいみなさん
シーユーアゲイン　レッツシング　トゥギァザー
メーソン先生は　ヴァイオリンをひいた
　なのはに　あいたら
　　さくらにとまれ
手と手をつないで　輪になって
メーソン先生かこんで　最後に歌う
ちょうちょちょうちょ　なのはの歌を

蛇口《じゃぐち》の土産《みやげ》

―石川県の昔話をもとに創作―

蛇口蛇口　ひねると出てくる
水がじゃあじゃあ　ふしぎな道具《どうぐ》
京都に旅した　田舎男《いーなかおとこ》
大きなお寺の　厨房《ちゅうぼう》で
生まれて初めて　見たのは水道
流しの壁《かべ》から　水が出る！
男はきいたさ
こいつはなんだい　なぁんてもんだい
お皿洗《さらあら》いの　小坊主《こぼうず》さんが
蛇口と教えて　あげたのさ

蛇口蛇口　ひねると出てくる
水がじゃあじゃあ　便利《べんり》な道具

京都の市場で　田舎男《いーなかおとこ》
ぴかぴか蛇口を　さがしあてた
たまげるだろなあ　与作《よさく》に田子作《たごさく》
流しの壁から　水が出る！
男は買ったさ
京都土産に　蛇口を七個
うきうきわくわく　鼻唄小唄
蛇口をかついで　わが村へ

蛇口蛇口　ひねると出てくる
水がじゃあじゃあ　都会の道具
故郷《こきょう》にもどった　田舎男《いーなかおとこ》
あっちにこっちに　土産配り
こうしてこうすりゃ　口からじゃあじゃあ
流しの壁から　水が出る！
男は言ったさ
こいつはまほうの　蛇口ってもんだ
ほうほうわざわざ　ありがとさんよ
蛇口をさっそく　くっつけた

蛇口蛇口　ひねると出てくる
　水がじゃあじゃあ　感謝《かんしゃ》の道具
何だか変だと　田舎男《いーなかおとこ》
ひねってみたけど　出ちゃあこない
こうしてこうすりゃ　口からあれあれ
流しの壁から　出ちゃこない！
男はわかったさ
壁にひみつが　あるってもんよ
も一度出かけて　壁を買わんにゃ
お金を数えて　あきらめた

二

たいこ

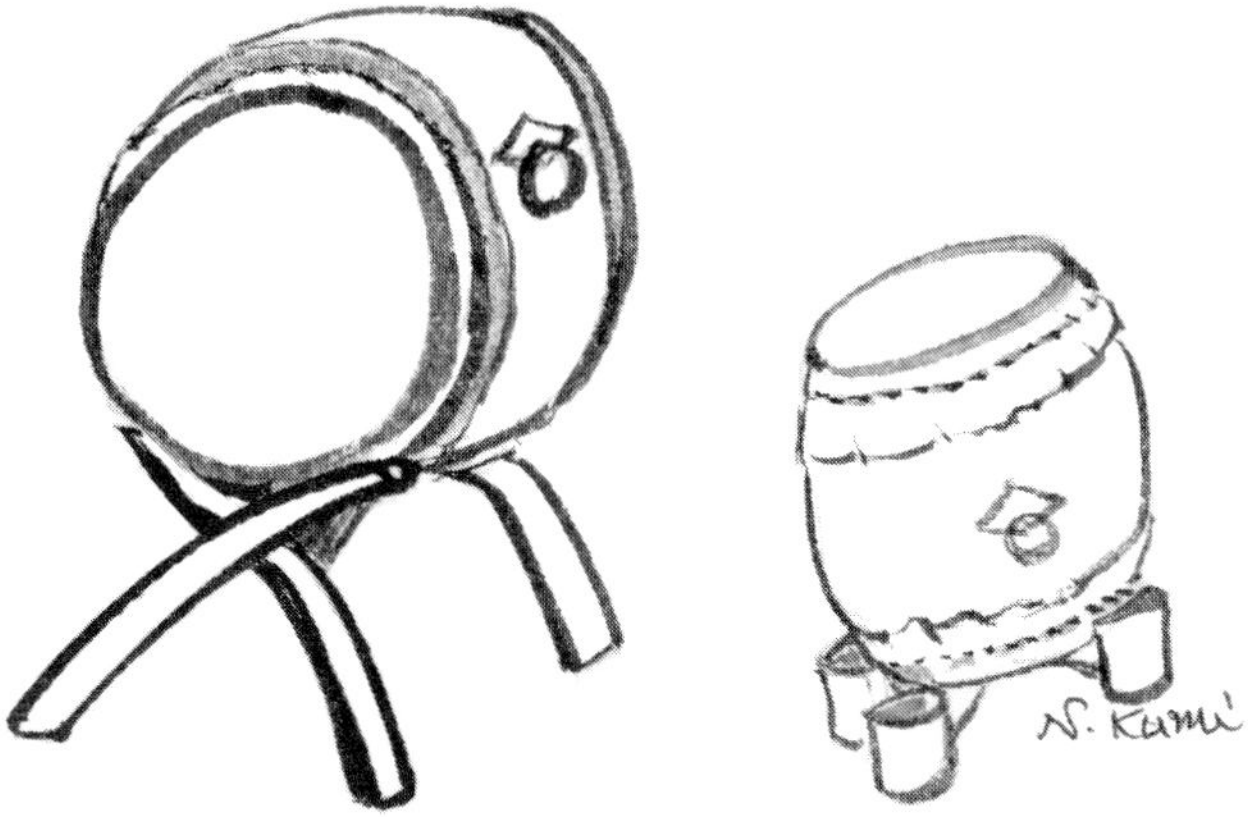

きゅうこんちゃん

チューリップのきゅうこんちゃん
また会いましょう
こんどは
春のお花になって

きゅうこんちゃん
きゅうこんちゃん
チューリップのきゅうこんちゃん

ピマ　ピッピ

なかみは　からっぽ
ピーマン
大きな　からっぽ
ピーマン

からっぽ　なんかじゃ
ないってば
ちゃんとね　ほらね
たねがある

ピマピマ
ピッピ
ピマ
ピーマン

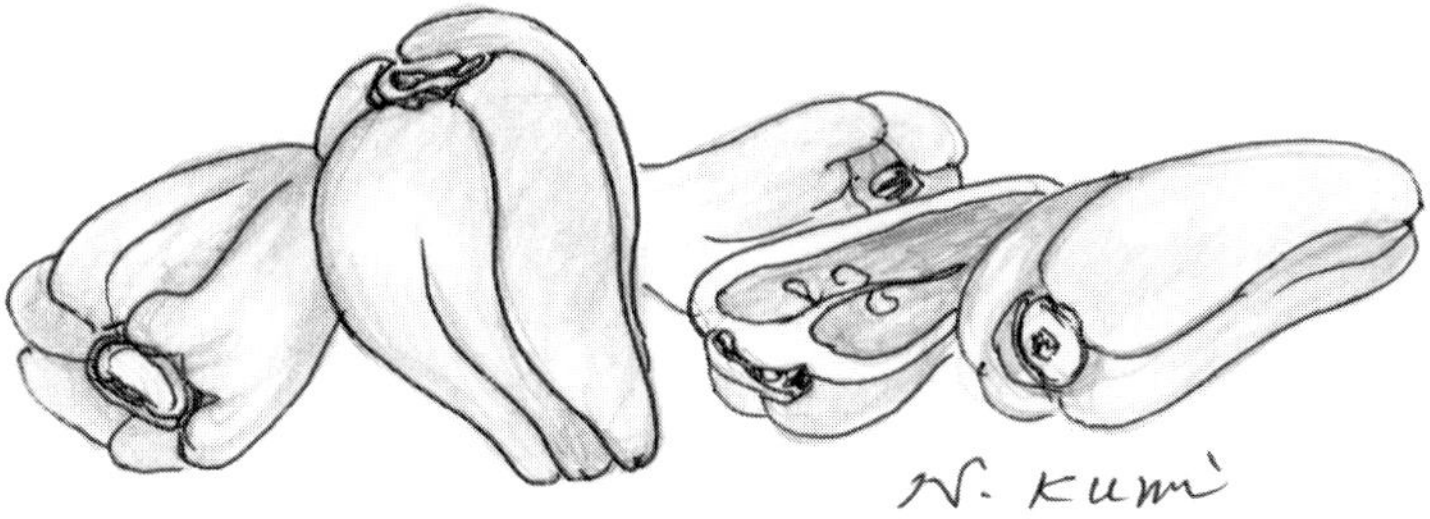

きいたかな

うさぎのきき耳
きいたかな
雪どけ水の
ちょろちょろを
遠くのお山で
きいたかな
うさぎのきき耳
きいたかな
こぶしの花の
そよそよを
こりすといっしょに
きいたかな

ファイトだ　運動会《うんどうかい》

ファイトだ　ファイトだ　運動会
おへそに力が　わいてきて
エネルギーは　満《まん》タン
力こぶも　できている　ヤァ
元気に走れば　みみずともぐら
びっくりするかも　しれないな
父さん母さん　応援《おうえん》おねがい
見ててね　ぼくを

ファイトだ　ファイトだ　運動会
気分《きぶん》もばっちり　いい調子《ちょうし》
ひざっこぞうも　オッケイ
空で旗《はた》が　ゆれている　ヤァ
みんなで踊《おど》れば　すずめとからす
拍手《はくしゅ》をするかも　しれないな
父さん母さん　応援おねがい
見ててね　あたし

信号　よし

信号よし　と言ってから
運転手さんは　カーブ
横断歩道の　十字路で
ワンマンバスは　カーブ

信号よし　と言ってから
横断歩道を　わたる
運転手さんが　言ったのを
まねしてぼくは　わたる

信号よし
信号よし
信号よし　と言ってから
進む

ぼくの番の　ぼく

ぼくの　番が　ちかい
ドキン　ドキン　してる

ぼくの　うでの　ちゅうしゃ
きっと　いたい　すごく

ドキン　ドキン　きいた
まぶた　とじて　ずっと

ぼくの　番の　ぼくは
ドキン　ドキン　つづく

ぼくの　うでは　かちん
ちくり　なんだ　おわり?

あたま　かいて　てれる
おいしゃさんを　ちらり

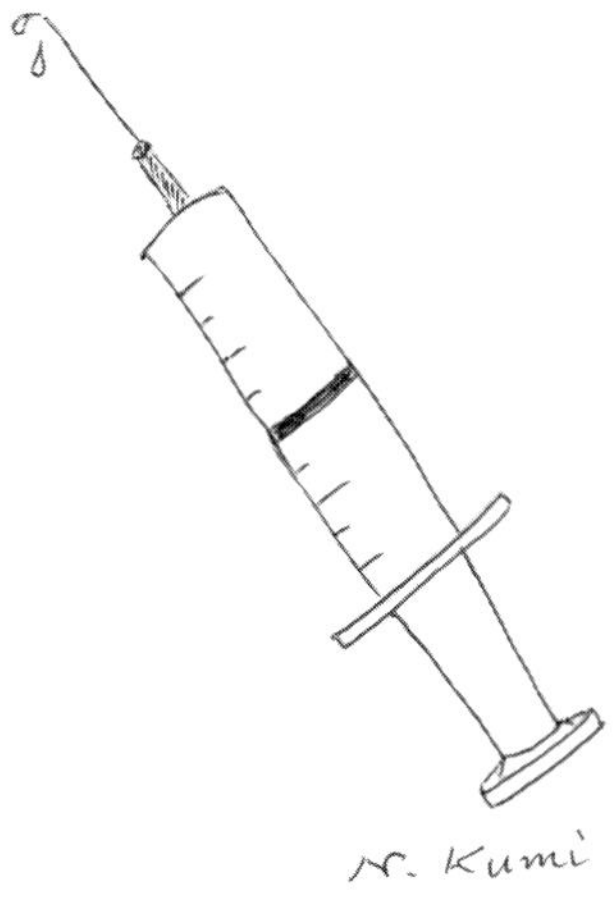

いっぽ　にほ　さんぽ

おとうさんと手をつなぎ
いっぽにほさんぽ
うれしいな
てんとう虫がきてとまり
ひとさしゆびから　とんでった

おとうさんのかたぐるま
ゆらゆらゆれる
すずしいな
小鳥のかおがよく見える
いちょうのはっぱに　手がとどく

おかあさんのおみやげに
甘いかおりの
白い花
スイカズラってゆうんだよ
おしえてもらった　公園で

おとうさんと手をつなぎ
いっぽにほさんぽ
かえりみち
てんとう虫がまたとまる
こんどもおんなじ　赤い星

しゃっくり

でてこいってゆうのに
でてこない
やき芋たべたら
でてきたよ
とつぜん　ひっく
また　ひっく
しゃっくりって　へんなの
ひっくりしゃっくり
ひっ

とまれってゆうのに
とまらない
まんがをみてたら
とまったよ
いつのまにか
ぴたりと
しゃっくりって　なんなの
ひっくりしゃっくり
ひっ

ねこの手

ねこの手
ねこの手
かりたいな
おいもばたけの　草むしり
おいもばたけの　草ぼうぼう

しろねこ
くろねこ
オセロねこ
みけねこ
やまねこ
よもぎねこ
シャムねこ
ペルシア
リビアねこ

おおきなもじゃもじゃ
わらいねこ
ながぐつを
はいたねこ

にゃんにゃん　にゃんこの手
にゃんにゃん　にゃんたの手

熱帯夜《ねったいや》

すいか畑《ばたけ》の　熱帯夜
むしむしむんむん　真夜《まよ》ん中
すいかがすいかで　なくなった
　すいかはおばけに　なるのかな
　すいかはたまごに　なるんだよ

たまごばりばり　ひびわれて
中からでてきた　は虫類《ちゅうるい》
すいかもようの　恐竜《きょうりゅう》だ
　シークァーザウルス　っていう名前《なまえ》
シークァーザウルス　まだ赤《あか》ちゃん

五ひき十ぴき　もっといる
すいかのはっぱを　くいつくし
ガァオーとこっちを　にらんでる
目《め》んたまちょこっと　でているな
殿様蛙《とのさまがえる》に　にた顔《かお》だ

シークァーザウルス　いっせいに
こっちへむかって　ころがった
ごろごろすいかの　玉《たま》みたい
ぼくに一ぴき　たいあたり
わっとさけんで　つかまえた

そのときぱっと　目がさめた
まくらがぼくの　はらのうえ
あぁたすかった　こわかった

たいこ

大きくたたけば
大きくひびく
ドーンドーン
たいこ

小さくたたけば
小さくひびく
トーントーン
たいこ

ドーンドーン
ドドーンドン
トーントーン
トントコトントントントン

からすの　スキップ

からすのスキップ　みたよ
駐車場《ちゅうしゃじょう》で　みたよ

ほんとに　スキップしたよ
スキップしてから　とんだよ

わたしね　うれしくなっちゃった
スキップ　わたしもできるもん

からすと　スキップしてみたい
あれから　ときどき思ってる

かえるは　ねんね

かえるはねんねする
冬がくるから
まくらはきゅうこん
おめめをとじて

わたの雪つもる
さとうの雪つもる
つもるけれどしらない
かえるはねんね

かえるはねんねする
春がくるまで
つくしんぼうのうたで
おめめがさめる

ももの花さいて
さくらの花さいて
きれいだからおいでと
かえるをよぶよ

ほうれん草が　すき

ほうれん草がすき
ほうれん草の茎がすき
ほうれん草の茎のストローがすき
ほうれん草の茎のストローでおみそ汁をのむのがすき

だからお母さん
ほうれん草のおみそ汁
つくってちょうだい

緑色がすき
緑色の茎がすき
緑色の茎のストローがすき
緑色の茎のストローでおみそ汁を全部のんだ

だからお母さん
緑色のおみそ汁
おかわりちょうだい

いのこずちだらけ

いのこずちをつけて
猫が帰ってきた
いのこずちはうらの
野原にいっぱい
ほっぺをそめて
走ったから
ぼくのズボンも
いのこずちだらけ

いのこずちをとると
猫はめいわくそう
いのこずちをとろう
こたつはあったか
北風ふいて
冬がきたから
ぼくは風の子
いのこずちだらけ

6Bの　えんぴつ

6Bのえんぴつを
おじいちゃんに　もらったよ
6Bのえんぴつは
やわらかくって　すらすらだ
6Bのえんぴつで
おじいちゃんを　かこうかな
6Bのえんぴつは
まゆげなんかは　まっくろだ
6Bのえんぴつで
おじいちゃんが　わらってる

とんでいった　猫の蚤《のみ》

とんでいった猫の蚤を
みてみたいな
虫の目レンズでキャッチした
スロースローモーションで

月面ジャンプで宙返り
一回二回三回転四回転
ウルトラDの宙返り

かもしれない
かもしれない

とんでいった猫の蚤を
みてみたいな
大きく大きくアップした
スロースローモーションで

三　オストアンデール

かぴばらの　鼻唄《はなうた》

―ゆず湯に入ってかぴばらがうたう唄―

ゆずゆの　ゆずのみ　ゆこゆこ　ゆれる
ゆめみる　ゆかげん　おいらは　ごきげん
ゆれゆれ　めめ《目目》とじ　うかべる　うなばら
かぴばら　かぴたん　たんこぶ　こぶた
うみに　こぶたが　いるかしら
うみの　こぶたは　いるかになって
うみの　おんま《馬》と　およいでる
うみに　おんまが　いるかしら
うみの　おんまは　たつのこになって
うみの　こぞう《象》と　およいでる

うみに　こぞうが　いるかしら
うみの　こぞうは　せいうちになって
うみの　ねずみと　およいでる
うみに　ねずみが　いるかしら
うみの　ねずみは　なまこになって
うみの　そこから　うごかない
うごかなくても　ゆこゆこ　ゆれる
ゆずゆの　ゆずのみ　ゆこゆこ　ゆれる
ゆめみる　ゆかげん　おいらは　ごきげん

コロンブスの　卵

コロンブスの　卵って
何の卵の　ことだっけ？
木登りとかげの　卵？
めがねわにの　卵？
ひくいどりの　卵？
どれ　どれ　どれ？

どれでもないない　そうじゃない
あれはたしか　その昔
こっこけどりの　卵
こっこけ卵　だったはず
ころころ　ころがる卵
こっこけ卵の　コロンブス

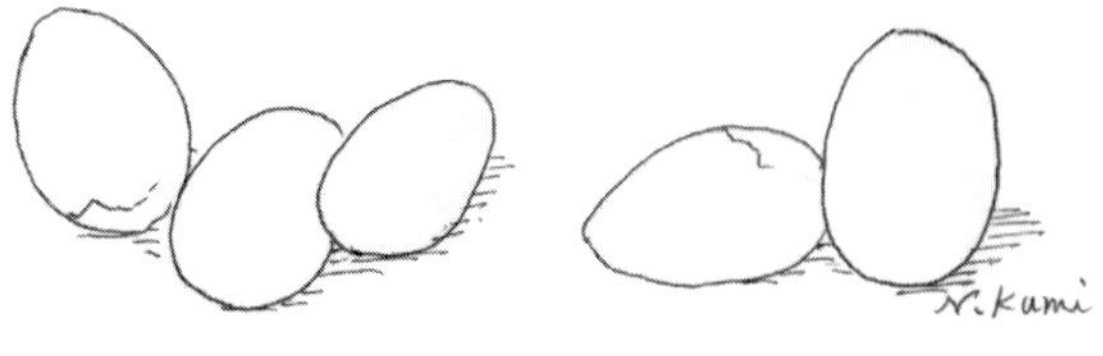

コロンブスの　卵って
どんな卵の　ことだっけ?
生みたて新鮮《しんせん》　卵?
月見うどんの　卵?
目玉焼きの　卵?
どれ　どれ　どれ?

どれでもないない　そうじゃない
あれはたしか　その昔
ぐらぐらゆでた　卵
ゆでゆで卵　だったはず
ころころ　ころがる卵
ゆでゆで卵の　コロンブス

コロンブスの　卵って
きっとおかしな　ゆで卵
割《わ》っても割れない　卵?
割ったら消える　卵?
割っても割っても　卵?
どれ　どれ　どれ?

どれでもないない　そうじゃない
あれはたしか　その昔
殻《から》ごとガチャンの　卵
ふつうの卵　だったはず
殻ごと　立ってる卵
ふつうの卵の　コロンブス

コロンブスの　卵って
立ってる立ってる　ゆで卵
こっこけどりの　ゆで卵
最後《さいご》にも一つ　ききたいの
コロンブスって　いう名前
こっこけどりの　名前なの？

え！

じさまの　じいさま

おむすびころりん　すっとんとん
ころころおむすび　もろうたねずみは
わしらのじさまの　じさまのじいさま
そのまたじさまの　じいさまの
じいさまねずみの　じじいさま
チューチューチュチュッと　チュチュッとな
こぶとりじいさん　はなさかじいさん
なかよく酒盛《さかも》り　してなさる　チュー

うちはほらほら　と《外》はすぶすぶ
出雲《いずも》のかみさま　たすけたねずみは
おむすびもろうた　ねずみのばあさま
そのまたばさまの　ばあさまの
ばあさまねずみの　ばばあさま
チューチューチュチュッと　チュチュッとな
因幡《いなば》のうさぎが　がまの穂《ほ》そなえて
柏手《かしわで》パチパチ　おがんでる　チュー

このぼうし

このぼうし
にあうかな
猫にきいたら
にゃう　にゃう
ほんとうに
にあうかな
犬にきいたら
にゃわん　にゃわん

にあう　にあわん
どっちかな

からすにきいたら
かぁこいい　かぁこいい

すずめにきいたら
ちっちっちっちっとも　ちっちっちっちっ

ふんころがし

ふんころがし　ころがす　ふんころころと
まっすぐみち　まるいかげ　まんまるまわる
のぼりざか　ふんふんばる　うんとこどっこいしょ
くだりざか　まっさかさま　こらこらまてい
ながいみち　かんかんでり　どれひとやすみ
さいわいかな　めぐみかな　ころころすすむ
ふんころがし　とうちゃく　ふんころとまる

オストアンデール

おすおす　押すとあんが出る
名づけて　オストアンデール
甘いあんです　おいしいあん
黒あん白あん　おまっ茶あん
おすおす　オストアンデール
あの子もこの子も　大好きな
それはね　まるこいおまんじゅう　へい
おすおす　オストアンデール
あんこの国の　メイドインジャパン

おすおす　押すとあんが出る
これまた　オストアンデール
すごいあんです　ひらめきあん
名案提案　とっておき案
おすおす　オストアンデール
だれでもかれでも　持っている
それはね　さえてる知恵ぶくろ　へい
おすおす　オストアンデール
ひらがなの国の　メイドインジャパン

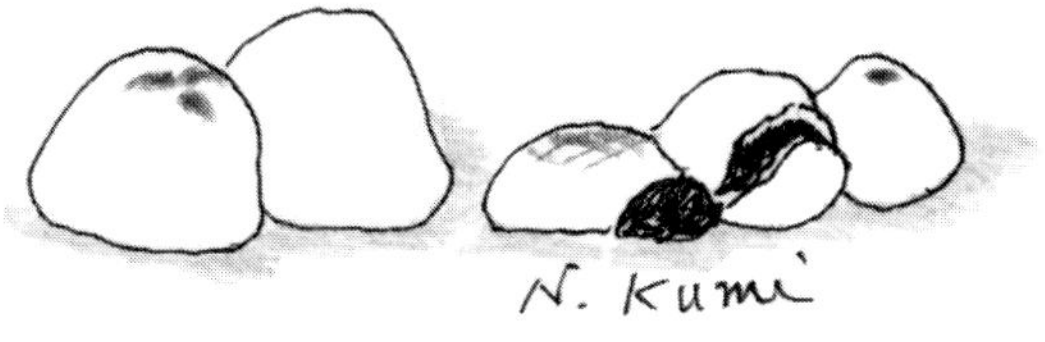

うがい

かばのお口に
お池ができて

がらがら
ごろごろ
まわってるうう

なるとのうずしお
まわってるうう

ぐるぐる
るうるう
がらがら
ぺ

こんにゃく

今夜　食《く》うのは　こんにゃくで
一時に　食うのは　無花果《いちじく》だ
五時に　食うのは　ご自由《じゆう》に
トマトを　食うのは　ちょっと　待《ま》と

苺《いちご》を　食《た》べてる　吾一《ごいち》くん
梨《なし》を　食べてる　権兵衛《ごんべえ》さん

メロンを　食べてる　カメレオン
山桃《やまもも》　食べてる　ももんがぁ

春の　てんぷら

春のてんぷら　たらの芽の緑
たべたら緑の　小鳥になる
たらたら　もしかしたら

小鳥になったら　かたばみの花
くちばしにくわえて
あの子にとどけにゆく

花をかみにさしたら　あの子も緑の小鳥
笛のように歌ったら　空から降る降る
きれいな花びら

たらたら　もしかしたら
たらたら　たらの話

春のてんぷら　新しいかおり
つづきを考える　楽しくなる
たらたら　たらの話

花びら降ったら　はしゃぎ出す猫
ダンボール箱から　出てくる出てくる猫

ちょっと歌をやめたら　あの子も猫もいない
窓に夕焼けうつってる
緑の小鳥は　たらの芽てんぷら

たらたら　楽しくなる
たらたら　たらの話

たらたら　たらの芽てんぷら
たらたら　食べたらたちまち
楽しくなるったら

たらたら　楽しくなるったら
たらたら　たらの話

カンガルーは　かんがえる

人間のポケットには
何が入っているんだろう
カンガルーはかんがえる
カンガルーはかんがえる

人間の宝物が
きっと入っているんだろう
カンガルーとおんなじで
カンガルーとおんなじで

四　つぼ

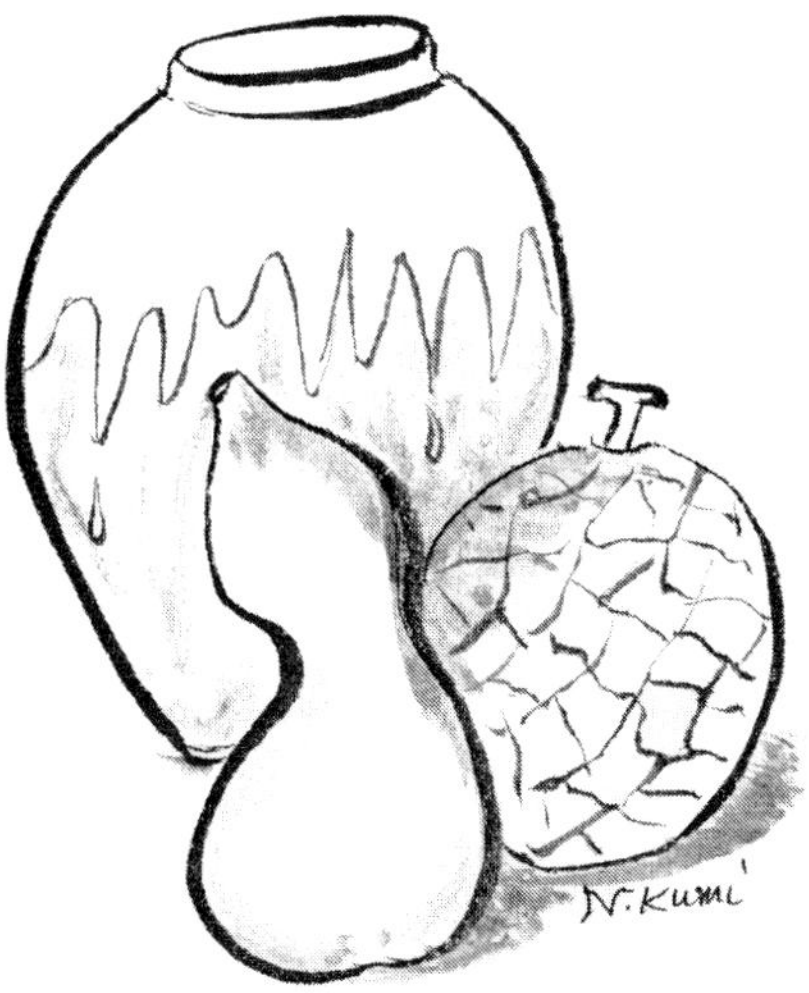

インタビュー

ピョン
と　とんでもね
ピヨヨヨ　ヨーン
って　とんじゃうよ

月
って　けっこう　たのしいところ

ロボットうさぎは
ピョン
とんでみせた

海
と　いってもね
水のない　海
が　あるだけさ

月
って　まったく　つまんないところ

ロボットいるかは
スウイ
およぎのまね

気まぐれ　ロボット

気まぐれロボット　手紙をかく
パソコン　カタカナ　B5の紙
一行一《いちぎょうひと》うち　さかさま読み
「タイサガナ　ハイカ　アニンテボサ」
おかしな歌でも　うたっちゃえ

タイサガナ　ハイカ　アニンテボサ
タイサガナ　ハイカ　アニンテボサ

友だちロボット　あそびにくる
パソコン　カタカナ　B5の紙
これはなんだろ　手紙を読む
「サボテンニ　アカイ　ハナガサイタ」
ぼくが贈った　あのサボテン

サボテンに　赤い　花がさいた
サボテンに　赤い　花がさいた

気まぐれロボット　花をみせる
友だちロボット　拍手をする
ほんとにきれいな　サボテンの花
ふたりのロボット　目と目があう
いっしょに歌でも　うたっちゃお

タイサガナ　ハイカ　アニンテボサ
サボテンに　赤い　花がさいた
タイサガナ　ハイカ　アニンテボサ
サボテンに　赤い　花がさいた

ポスター猫

ドラッグストアの　ポスターは
「ほね　だいじょうぶ?」と
言ってる猫で

魚の骨を　ガリガリかんで
「ほね　だいじょうぶ?」と
言ってる猫で

ポスター猫　ウォー　ポスター猫　ウォー
闇夜《やみよ》に　ぴかっと　目が光る

夜中のネオンは　知っている
ポスター猫の　楽しみを
ポスターをふわり　ぬけだして
　空中どこでも　歩くのを

ピザ屋のピザの　ポスターの
ピザを一枚　食べちゃった猫よ
ひげとしっぽを　ちょっと手入れして
もとのポスターに　ふわりもどる猫よ
ポスター猫　ウォー　ポスター猫　ウォー
闇夜に　ぴかっと　目が光る

つぼ

ふたがなくて
そこがなくて
まるいけれど
どこかいびつ
くろぐろとして
ちょっとあかい
あやしいつぼ
やっぱりつぼ
あのこはみた
そしていった

ひょうたんみたいに　かるくって
メロンのように　おもいつぼ

うえからのぞくと　そらがみえ
プテラノドンが　とんでいた

したからのぞくと　うみがみえ
ねったいぎょたちが　およいでた

もいちどうえから　のぞいたら
どくろのくちが　うたってた

ひょうたんみたいに　かるくって
メロンのように　おもかった

プッカルン

南の島　やしの島
島の時計は　日時計で
それものっぽの　やしの木で
毎日お昼の　十二時に
やしの実《み》一つ　落ちるのよ
きょうはどの木から　落ちるかなって
あてっこする子も　いるんだよ

プッカプッカルン　やしの実《み》ダンス
波にうかべて　たまのりすれば
プッカプッカルン　お日さまだって
うかれうかれて　プッカルン

南の島　やしの島
島の楽器は　打楽器で
それもでっかい　やしの実で
毎月月夜は　夜中《よなか》まで
やしの実たたき　うたうのよ
たたけばおばけも　十二ダース
出てきていっしょに　おどるのよ

プッカプッカルン　やしの実ダンス
波にゆられて　手拍子《てびょうし》うてば
プッカプッカルン　お月さまだって
うかれうかれて　プッカルン

ブロッコリーの木《き》の下《した》で

ブロッコリーの木の下で
ひるねをしている大男《おおおとこ》
すうすうねむった　片目《かため》があいた
ぐうぐうねむった　両目《りょうめ》があいた
きみょうなみょうな　目玉《めだま》

ブロッコリーの木のつぼみ
いびきのかずほどふえてゆく
まるまるふくれた　きいろくなった
さえずりはじめた　小鳥《ことり》になった
へんてこてこりな　つぼみ

ブロッコリーの木をのぞく
木よりも大きい女の子《おんなのこ》
ふぅーとひとふき　小鳥《ことり》がとんだ
ぷうぅーとひとふき　全部《ぜんぶ》がきえた
ぺんぺけぺぺんの　話《はなし》

ポテトチップス　お月さま

ひとこぶ山から　ひがのぼる
空にぼやけた　お月さま
ポテトチップス　お月さま

風に吹かれて　とんできて
ふたこぶらくだに　たべられた

それでも空には　お月さま
前よりぼやけた　お月さま
みつこぶ山へと　流れ雲

五　心を広い大空へ

こしかけても　いいですか

赤い
てんてん
水引草《みずひきそう》の
花が
お庭に
さいている

かわいい
かわいい
いすですね

こしかけても
いいですか
わたしは
今は妖精《ようせい》よ
秋風さんも
くるでしょう

入道雲

入道雲が　現われた
向こうの岡の　いただきに
ちからこぶを　ぐんぐんと
いくつもいくつも
ふくらませ

入道雲は　ほほえんだ
東西南北　どこまでも
青い青い　大空に
のびのびのびのびのび
できるもの

入道雲は　呼びかける
地上の人よ　生き物よ
夏の熱い　太陽の
いのちのいのちの
歌をきけ

げた

げたは　板
げたは　はだし
涼しい　足
軽い　足
右は　カランで
左は　コロン
カラン　コロンで
鬼太郎《きたろう》気分
げたは　いい
音が　いい

おもてに　緒《お》
うらには　歯《は》
歯が　あるから
背が　伸びる
右を　ほうって
左を　ほうる
うらと　おもてで
雨と　晴れだよ
げたは　いい
夏に　いい

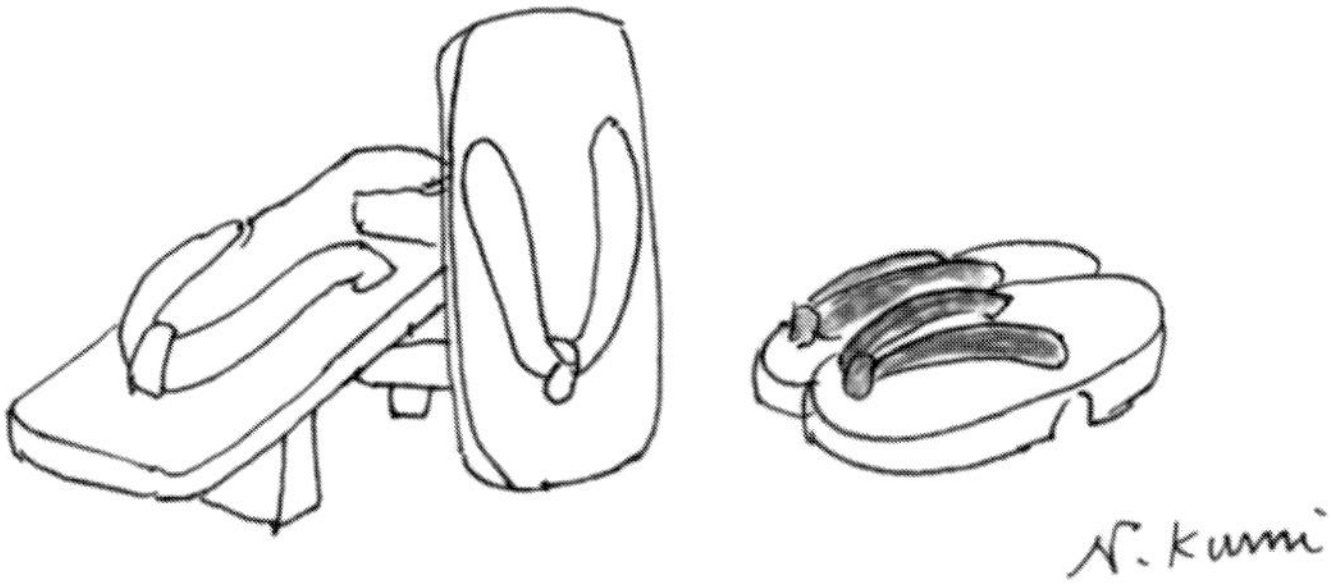

たくあん作《づく》り

—ラジオを聞いて—

たくあん作りも　修行《しゅぎょう》の一つ
青首大根《あおくびだいこん》　一万本《いちまんぼん》
漬《つ》け込《こ》む坊《ぼう》さま　一二の十人
お寺でいただく　たくあんを　ホイ
坊さま二百人の　たくあんを　ホイ
汗《あせ》をかきかき　どっこいしょ
修行のたくあん　ボオリボリのボオリボリ

たくあん作りも　真心《まごころ》一つ
おおだる洗《あら》って　一万本
漬け込む坊さま　てぬぐいあたま
毎日いただく　たくあんを　ホイ
坊さま一年分の　たくあんを　ホイ
雪がふる前　えっこらさ
真心たくあん　ボオリボリのボオリボリ

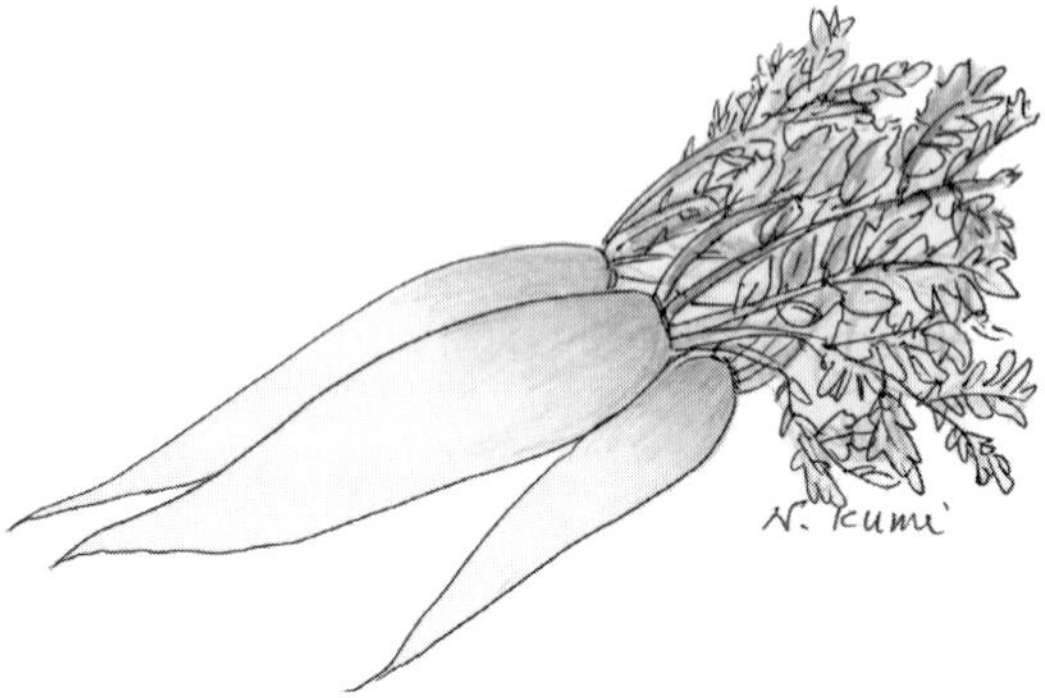

花をつんであげよう

若草をふむ足は
まだ　おぼつかない足どり
それでも　一人で歩きはじめてる
幼いあの子に
花を　つんであげよう

かあさんをよぶ声は
まだ　ききとれない片言
それでも　やさしさ求めひろげてる
小さなあの手に
花を　つんであげよう

太陽の子のように
その　かがやいている瞳よ
だかれて　ほほえみいっぱいあふれてる
かわいいあの子に
花を　つんであげよう

山に登って　ボランティア

わたしの仲良しおばさんに
聞いた話はボランティア
日本の名山白山《はくさん》に
仲間と登って深呼吸
　まずはお昼のにぎりめし
お花畑と青空と
森のにおいがおかずです

ごはんがすんだら草むしり
それが立派なボランティア
貴重な高山植物の
ハクサンオオバコ守るため
　ふつうのオオバコ取りました
登山者の靴で運ばれて
山ではびこる敵の草

元気で愉快なおばさんが
汗を流したボランティア
一晩泊まりの山小屋に
星はふるふる夢にまで
朝は早起きご来光
ばんざい唱えて祈ります
ハクサンオオバコよみがえれ

厳しい猛暑が続く夏
山に登ってボランティア
美しく森を守ろうと
力を合わせる人がいる
こんな地道なボランティア
お土産話をしてくれた
すてきなおばさんありがとう

おはようの　うた

おはようおはよう　おはよ
学校へゆく道々《みちみち》で
出会ったどうしが　おはよ
朝の光は美しい
朝の心にかがやかせ　おはよ
これを言ったら気が晴《は》れる
げんこつタッチもいい感《かん》じ

おはようおはよう　おはよ
公園のかど並木道《なみきみち》
ばったり出会って　おはよ
朝の空気は新しい
朝の体にすいこんで　おはよ
これを言ったら気が和《なご》む
笑顔《えがお》がふえてく転校生《てんこうせい》

糸切《いとき》り歯《ば》

おばあちゃんが　糸を切った
歯で　白い糸を切った
糸切り歯って　ゆうんだよ
ここんとこにある　これ
糸切り歯

切れるかなぁ　糸をかんだ
歯で　白い糸が切れた
糸切り歯って　本当だ
ここんとこにある　これ
糸切り歯

おばあちゃんと　はなしながら
ぞうきんが　二まいできた
糸切り歯って　べんりだな
ここんとこにある　これ
糸切り歯

夏休みの　はがき

夏休みであえないから
はがきをかいた
お元気ですかとだけ
あとは大きな
かぶと虫の絵をそえて
お元気ですか
お元気ですか
何回もよみかえし
ゆうびんポストに
ポトンといれた

夏休みがおわるころに
へんじがきたよ
おはがきありがとうとだけ
あとは大きな
ひまわりの花をそえて
おはがきありがとう
おはがきありがとう
何回もよみかえし
つくえのひきだしに
そおっといれた

なにかいい　いれもの

なにかいい
いれものは
ないかな

渦巻貝《うずまきがい》の貝がらは
橙色《だいだいいろ》の波《なみ》の模様《もよう》
枕元《まくらもと》においておくの

なにかいい
いれものは
ないかな

渦巻貝の貝がらに
海のお話きいて眠る

枕元の秘密《ひみつ》だから

なにかいい
いれものは
ないかな

きつねの　コンコン

きつねのコンコン
しっぽが長い
長いしっぽを
どろんとけして
村の子どもに
あそぼうと言った

古い学校の
ジャングルジムで
村の子どもと
おにごっこすれば
ときどきしっぽが
出てきてこまる

長いしっぽよ
ちょっとまっておくれ
あとで野原を
風きって走ろう
夕やけ小やけに
とんぼおってかえろう

雪のふる日は　手紙がほしい

雪のふる日は手紙がほしい
ほしいと思っていたら
「速達《そくたつ》です」と手紙がきた
　緑の封筒《ふうとう》　緑の便箋《びんせん》
片栗《かたくり》の花の　絵のそばに
短い言葉《ことば》が　そえてある
春になったら　片栗の花見にきてね

雪のふる日のときめく手紙
いったい誰《だれ》からきたの
名前はないし住所もない
　緑のふとんに　緑のまくら
片栗の花の　絵手紙を
にぎって眠ると　夢をみた
山のカモシカ　私に手紙書いていた

夢からさめると手紙は消えて
かわりに片栗の花
かれんな花をにぎっていた
　緑の封筒　緑の便箋
吹雪《ふぶき》に飛ばされ　どこへゆく
その時ほんとに　目がさめた
夢でみた夢　あのカモシカの優《やさ》しい目

守宮節《やもりぶし》

守宮のかあさんは
ふしぎなかあさん
　だあっとだっと
　だあっとさ
かならず二《ふた》あつ
たまごをうむん
　だあっとだっと
　だあっとさ
なんとなんとなやもりもり
守宮のたまごは
ふしぎなたまご
　だあっとだっと
　だあっとさ

かならずぼうやと
おじょうちゃん
　　だあっとだっと
　　だあっとさ
なんとななんとなやもりもり

守宮のとうさんは
ふしぎなとうさん
　　だあっとだっと
　　だあっとさ
かならずこどもを
むかえにゆくん
　　だあっとだっと
　　だあっとさ
なんとななんとなやもりもり　はあ
なんとななんとなやもりもり

お猿のつり橋

―黒部峡谷にて―

人間は　優しいな
お猿のために　谷川に
長いつり橋　つくってあげた

ガタゴトガタゴト　ガタンゴトン
トロッコ電車の　中から見えた
お猿のつり橋
お猿のつり橋には　手すりがない

お猿は　よかったな
向かいの山に　みんなして
長いつり橋　渡ってゆける

ガタゴトガタゴト　ガタンゴトン
トロッコ電車の　帰りも見えた
お猿のつり橋
お猿のつり橋には　手すりがない

ガタゴトガタゴト　ガタンゴトン
トロッコ電車が　走るのを
お猿はどこかで　見ているよ
ガタゴトガタゴト　ガタンゴトン
ガタゴトガタゴト　ガタンゴトン

動物園の　ライオンさん

―いしかわ動物園にて―

動物園のライオンさん
あなたはどこから来ましたか
日本は寒くはないですか

たてがみふさふさライオンさん
トンボの飛ぶのを見てますね
手をふるあたしに気づかずに

あくびをしたあとライオンさん
ころがりましたね土のうえ
人間にほえたくないですか

動物園のライオンさん
今夜はこおろぎないてます
あなたもこおろぎききますか

短冊《たんざく》の歌

おばあちゃんの　短冊は
すらすらきれいな　筆のあと
少しも読めない　わからない

おばあちゃんは　わたしにと
半紙に小筆で　書きました
ひらがなまじりの　読める字で

おばあちゃんに　教えられ
意味までわかった　古い歌
西行法師《さいぎょうほうし》の　月の歌

おばあちゃんと　ながめれば
にっこりうなずく　お月さま
西行法師の　見た月が

心を　広い大空へ

どの葉っぱにも　日があたるように
寒い冬場の　たんぽぽは
葉っぱを　地面に広げてる
わたしたちも　広げようよ
心を　広い大空へ
雪の下で　春を待つ
小さな葉っぱの　たんぽぽのように

どの葉っぱにも　日があたるように
枝を伸ばして　枇杷《びわ》の木は
葉っぱを　高く捧《ささ》げてる
わたしたちも　捧げようよ
心を　広い大空へ
小鳥たちの　さえずりを
近くできいてる　枇杷の木のように

「さやのお舟」に寄せて

なくみ

ここのみさんの初出版童謡集『秋のきつね』が、我が家の書棚に三十余年も前からなじんで置かれていました。

それに気付いたのは、ここのみさんから挿し絵の依頼を受けてしばらくしてのことでした。ここのみさんの亡き御主人と私の亡父の親交があっていただいたと思われます。見開きの「くらたここのみ」の墨字サインが、今はとても親しく目に入ってきます。

人の縁《えにし》は、深く不思議なものです。ここのみさんと机を並べてお仕事をするようになって一年。いろんなお話をするうちに、いつの間にか、この童謡詩集の絵を真剣に描くことになりました。

「さやのお舟」は「ガガイモ（羅摩芋《かがみいも》）」のことです。日本神話では、少名毘古那神《すくなひこなのかみ》が天乃蘿摩船《あまのかがみぶね》（莢《さや》の舟）に乗って、大国主神《おおくにぬしのかみ》の国造《くにづく》りを手伝うために登場します。

何かを生み、創り出すときは、自分の中にどこからともなくいろいろな思いや知恵が運ばれ、さながら「さやの舟」に乗ってきた神に助けられるように、しだいに形を整えていくようなところがあります。ここのみさんの詩心に触れていると、日常、そんなかわいらしい神さまがポツポツ現れては、言葉を託していかれるように感じます。

物事を深く難しく追いかける習性の強い私にとっては、ここのみさんが、神の運んでこられるものを、ご自分の感性で淡々と文字にされるところは、実に魅力です。

この本の詩に挿した絵が、ここのみさんの言葉の魅力を伝えることに少しでもお役に立つよう祈りつつ、私に、この機会をくださったここのみさんはじめ、御助成くださった皆様に心から感謝いたします。

上梓に際し、自詠祝句を謹呈いたします。

学び舎に唱歌ひびけり夏木立
鼻歌に聞き覚えあり秋あかね

あとがき

くらたここのみ

出版を思い立ち、作品選びをする中で、一つ一つに思い出や感動が甦りました。

保育園の子供たちと元気に歌った「きゅうこんちゃん」（前多秀彦曲）、先年亡くなった姉がつれていってくれた黒部峡谷の「お猿のつり橋」（北澤秀夫曲）、武藤利佳先生による大阪での初演で大好きになった「プッカルン」（前多秀彦曲）、米原市のコンクールで入賞し、曽根さんにもお会いできた「かえるはねんね」（曽根紀子曲）、星稜高校合唱部のさわやかな歌声がよかった「心を広い大空へ」（栗原正義曲）、金沢メンネルコール代表の小原晴樹先生が、運転士さんの制帽姿で熱演された「信号よし」（山本典子曲）、敬老の日に母と行った動物園で、ライオンに話しかけた時の歌、「動物園のライオンさん」（江端玲子曲）、ぎふ児童合唱団が舞台に登場しながら歌って、軽やかで印象的だった「ほうれん草がすき」（深貝美子曲）、日野市のぴちぽち童謡コンサートで発表し、今回書名にした「さやのお舟」（濱田淳子曲）、和歌の朗詠においてもご活躍の土屋もとゐ子さんが、帝国ホテルで歌ってくださった「きつねのコンコン」（太田はじめ曲）、西野真理先生が美女コン（西田幾多郎記念哲学館にて）で歌唱指導までしてくださった「カンガルーはかんがえる」（廣木良行曲）、水沢有美さん（女優・歌手）のライブの時、ゲストの吉沢京子さんの朗読がかっこよかった「オストアンデール」、その時のピアニストさんの即興的な演奏にもうっとりしました。若松先生が「見たとたんできました」と、ファックスで楽譜を送ってくださった「なにかいいいれもの」（若松正司曲）。その後、病床で訂正されたものがご子息の若松歓先生より送られてきました。形見の一曲になりました。

　思い出話をすれば切りがありません。多くの方々との出会いとチャンスに恵まれましたことに、今改めて感謝の気持ちでいっぱいです。

　出版にあたり、かれこれ三十五年もの間、お世話になっている坪能克裕先生には、身に余る序文を賜わりました。東奔西走でご活躍のところを時間を割いていただきまして、まことにありがとうございました。なくみ先生とは一年前に職場で知り合い、話がはずむうちにさし絵を引き受けてくださったのですが、三十年前からのご縁があったことが分かりました。合縁奇縁、嬉しくなり、大いに活力をもらいました。生き生きとした素敵な絵に、心は躍る、本は引き立つで二重三重の歓びです。いつも心温まるお便りをくださる牛久市の詩友井上灯美子さま、てらいんくの佐相美佐枝さまにも大変お世話になりました。ありがとうございました。

　この本を多くの子供たちに楽しんでもらえたら幸いです。

二〇一七年五月一日

くらた ここのみ

1951年11月、鹿児島県肝属郡田代町生まれ。小5より歌作りに興味を持つ。金沢に転居の年（1978）より『文芸集団』（金沢）に童謡の投稿を始める。日本童話会（後藤楢根《ならね》主宰）・日本子供の歌の会・花時計・日本童謡協会その他を経て、現在、ぴちぽちの会・綾の会・わたげの会に所属。佐佐木信綱研究会会員。童謡詩集『秋のきつね』『さくらのトンネル』、CD『はじめましてのうた』、歌曲集『赤いつばき白いつばき』（すずきしげお作曲）、絵本『かえるくん』（フレーベル館）、研究書『明治唱歌の誕生』（勉誠出版）その他を出版。学校教材「花の歌を歌ったら」（橋本祥路作曲）はいろいろな合唱団に歌われている。作詞家故名村宏氏、作曲家坪能克裕氏に師事。金沢子どもの歌の会代表として「うたのゆうえんち」を主宰。大学勤務。金沢市在住。

なくみ（本名・中田久実子）

金沢工業大学ライブラリーセンター（ライティングセンター）勤務。

1952年、石川県野々市市生まれ。石川県立金沢泉丘高等学校卒（22期）。

1974年、東京学芸大学（高等学校特別教科教員養成課程・芸術・書道）卒。同年4月より石川県教育職員として着任。

〈職歴〉　金沢市立泉丘中学校（国語科教諭）
石川県立鶴来高等学校（国語科教諭）内、2年芸術・書道兼任。
石川県立金沢泉丘高等学校（国語科教諭）
石川県立金沢西高等学校（国語科教諭）
石川県立金沢桜丘高等学校（国語科教諭）
稲置学園星稜高等学校（国語科非常勤講師）
43年の教職を経て現職に至る。
絵は、1980年代、黒田桜の園氏に師事。

子ども　詩のポケット50　さやのお舟

発行日　2017年10月11日　初版第一刷発行

著　者　くらたここのみ
装挿画　なくみ
発行者　佐相美佐枝
発行所　株式会社てらいんく
〒215-0007　神奈川県川崎市麻生区向原3-14-7
TEL　044-953-1828　　FAX　044-959-1803
振替　00250-0-85472
印刷所　株式会社厚徳社

ISBN978-4-86261-133-8　C8392

定価はカバーに表示してあります。
落丁・乱丁のお取り替えは送料小社負担でいたします。
購入書店名を明記のうえ、直接小社制作部までお送りください。